O Piano E AS BACHIANAS

Heitor Villa-Lobos

Nº Cat.: 321-A

Irmãos Vitale Editores Ltda.
vitale.com.br
Rua Raposo Tavares, 85 São Paulo SP
CEP: 04704-110 editora@vitale.com.br Tel.: 11 5081-9499

© Copyright 2008 by Irmãos Vitale Editores Ltda. - São Paulo - Rio de Janeiro - Brasil.
Todos os direitos autorais reservados para todos os países. *All rights reserved.*

CIP-BRASIL. CATALOGAÇÃO NA FONTE
SINDICATO NACIONAL DOS EDITORES DE LIVROS - RJ.

V761p

Villa-Lobos, Heitor, 1887-1959
O piano e as bachianas / Heitor Villa-Lobos. - São Paulo : Irmãos Vitale, 2009.
56p.

ISBN 978-85-7407-249-4

1. Villa-Lobos, Heitor, 1887-1959. Bachianas brasileiras.
2. Piano.
3. Partituras.
   I. Título.

09-2511.   CDD: 780
         CDU: 78

Créditos

Débora Freitas Santos
PROJETO GRÁFICO

Antônio Carlos Neves Campos
EDITORAÇÃO E REVISÃO MUSICAL

Sonia Rubinsky
SUPERVISÃO MUSICAL

Míriam Braga
DEDILHADOS

Marcos Roque
REVISÃO ORTOGRÁFICA

Flávio Carrara de Capua e Roberto Votta
COORDENAÇÃO EDITORIAL

Acervo Museu Villa-Lobos
FOTO DA CAPA

Fernando Vitale
PRODUÇÃO EXECUTIVA

Índice

Bachianas Brasileiras Nº 2
    III. Dança (Lembrança do Sertão) 7

Bachianas Brasileiras Nº 4
    I. Prelúdio (Introdução) 15
    II. Coral (Canto do Sertão) 18
    III. Ária (Cantiga) 23
    IV. Dança (Miudinho) 29

Bachianas Brasileiras Nº 5
    I. Ária (Cantilena) 37
    II. Dança (Martelo) 43

Prefácio

Bachianas Brasileiras é o título de um gênero de composição musical criado por Heitor Villa-Lobos no período de 1930 a 1945 - entre as cidades do Rio de Janeiro, São Paulo e Nova York - para homenagear Johann Sebastian Bach, cuja música o compositor brasileiro considerava como vinda do "infinito astral para infiltrar-se na terra como música folclórica"; um "fenômeno cósmico" que "se reproduz nos solos, subdividindo-se nas várias partes do globo terrestre, com tendência a universalizar-se".

Resguardada a visão poética de seu autor, as nove *Bachianas Brasileiras* revelam um Villa-Lobos antenado a alguns dos principais movimentos estéticos de seu tempo; neste caso específico, com o neoclassicismo, movimento musical surgido na primeira metade do século XX que objetivava resgatar o estilo composicional dos séculos XVII e XVIII e do início do século XIX.

As *Bachianas* aqui selecionadas são uma pequena, mas significativa mostra desse ciclo que se tornou tão popular em todo mundo, graças, especialmente, a um de seus temas, presente nesta coleção: a "Ária (Cantilena)" de *Bachianas Brasileiras Nº5*, cujo original, destinado à voz acompanhada de orquestra de violoncelos, possui duas antológicas gravações dirigidas pelo próprio autor, uma tendo como solista a soprano brasileira Bidu Sayão e a outra a espanhola Victoria de Los Angeles. Aqui se encontra a partitura para voz acompanhada por piano, instrumento que, como o violoncelo e o violão, tem uma excepcional relevância dentro do universo criativo de Villa-Lobos.

Dois exemplos do especial apreço do compositor pelo teclado são os títulos para piano solo que completam esta publicação: a "Dança (Lembrança do Sertão)" de *Bachianas Brasileiras Nº2* (original para orquestra sinfônica) e a *Bachianas Brasileiras Nº4*. Esta última, escrita inicialmente para piano solo (o próprio autor fez, mais tarde, uma transcrição para orquestra sinfônica), tem em seu primeiro movimento "Prelúdio (Introdução)", uma das mais expressivas e arrebatadoras melodias villa-lobianas, fruto do talento de um dos maiores melodistas brasileiros de todos os tempos

Ressalte-se que a inspiração bachiana, longe de ser a essência da música de todo o ciclo, serve, mais que tudo, de corpo que se veste de modinhas, ponteios, choros, quadrilhas, desafios, catiras batidas, trazendo o que há de mais genuíno na música brasileira para o âmbito da música universal.

Marcelo Rodolfo
Consultor musical do Museu Villa-Lobos

Introdução

Quando fui convidado para realizar a revisão da nova edição para piano das *Bachianas Brasileiras*, de Villa-Lobos, tive uma sensação de satisfação e, ao mesmo tempo, de responsabilidade muito grande.

Tive em minhas mãos edições distintas, publicadas em vários países, além de alguns manuscritos, como o da "Dança" da *Bachianas Brasileiras N° 2*. Procurei mergulhar profundamente nos detalhes encontrados em cada compasso, nota a nota, fazendo, no momento de digitação, uma análise bastante enriquecedora, pois pude apreciar e entender cada célula das obras, e compreender mais ainda a genialidade e a forma utilizada pelo grande mestre.

Para realização deste projeto, pude também contar com a valiosa colaboração da pianista e professora Miriam Braga que já havia executado todas as peças e deu uma importante contribuição, principalmente no que diz respeito ao dedilhado e sugestões de dinâmica.

Foram diversas horas de trabalho muito gratificantes, quando procurei dar minha contribuição para que esta edição da Editora Irmãos Vitale possa ser compartilhada por pianistas brasileiros e estrangeiros, e que a obra do nosso mestre Heitor Villa-Lobos possa ser divulgada e ouvida cada vez mais por admiradores da boa música.

Maestro Antônio Carlos Neves Campos

Critérios Editoriais

Tendo gravado a obra completa para piano solo de Heitor Villa-Lobos (8 volumes pelo selo Naxos), além de haver escrito uma dissertação de doutorado sobre seu "Rudepoema" e realizado conferências sobre sua produção pianística, tive a oportunidade de observar esta obra como um todo. Julgo importantes, portanto, os seguintes itens:

a) clareza dos níveis sonoros, fazendo de Villa-Lobos um compositor ideal para o desenvolvimento da polifonia sonora e rítmica;

b) clareza da polirritmia, tendo em vista que Villa-Lobos utiliza muitas vezes *rubatos* escritos, sendo que a polirritmia deve ser absolutamente precisa;

c) quando o autor utiliza acentos (>) numa melodia, em geral, isto representa uma frase *cantabile*, em grande evidência (*en dehors*).

Veja no item 1 abaixo a diferenciação entre (>) e (-).

1. Em "Miudinho", de *Bachianas Brasileiras N° 4*, conforme manuscrito fornecido pelo Museu Villa-Lobos, mantivemos os sinais de staccato presentes, assim como a observação da diferenciação e hierarquização entre os sinais (>) e (-) no rodapé da primeira página, que ilumina um importante fator para a *performance*.

2. Mantivemos as dinâmicas e pedais do autor, conforme aparecem em edições revisadas pelo próprio compositor.

Sonia Rubinsky

Bachianas Brasileiras Nº 2

III. Dança
(Lembrança do Sertão)

Redução para piano pelo autor

Heitor Villa-Lobos

© Copyright 1949 by Casa Ricordi (Milan) para o Brasil Universal Music Publishing MGB Brasil LTDA.
Ossias dos compassos 30-31, 40-41, 58-59 e 68-69 propostos por Sonia Rubinsky.

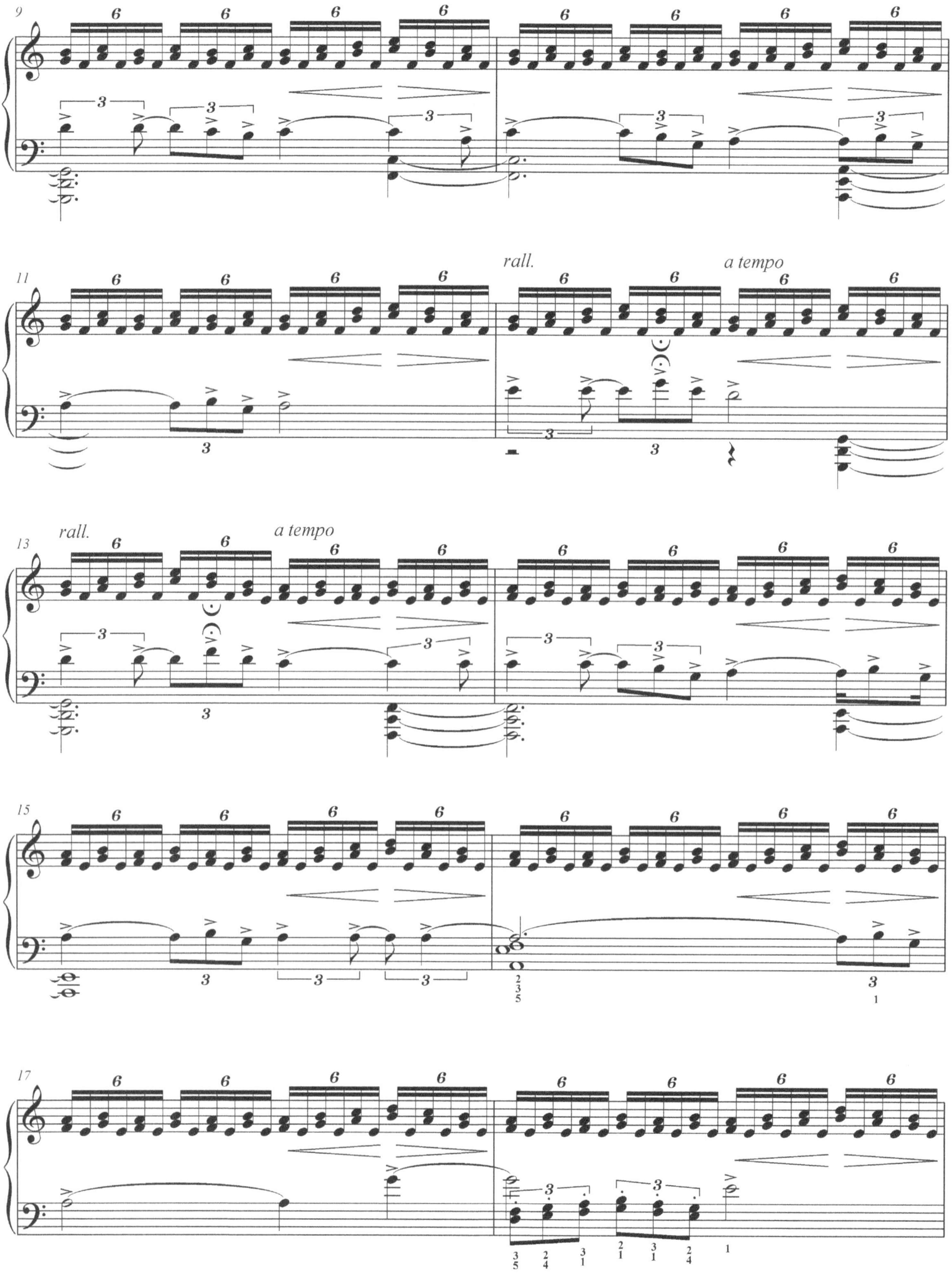
rall.
a tempo
rall.
a tempo

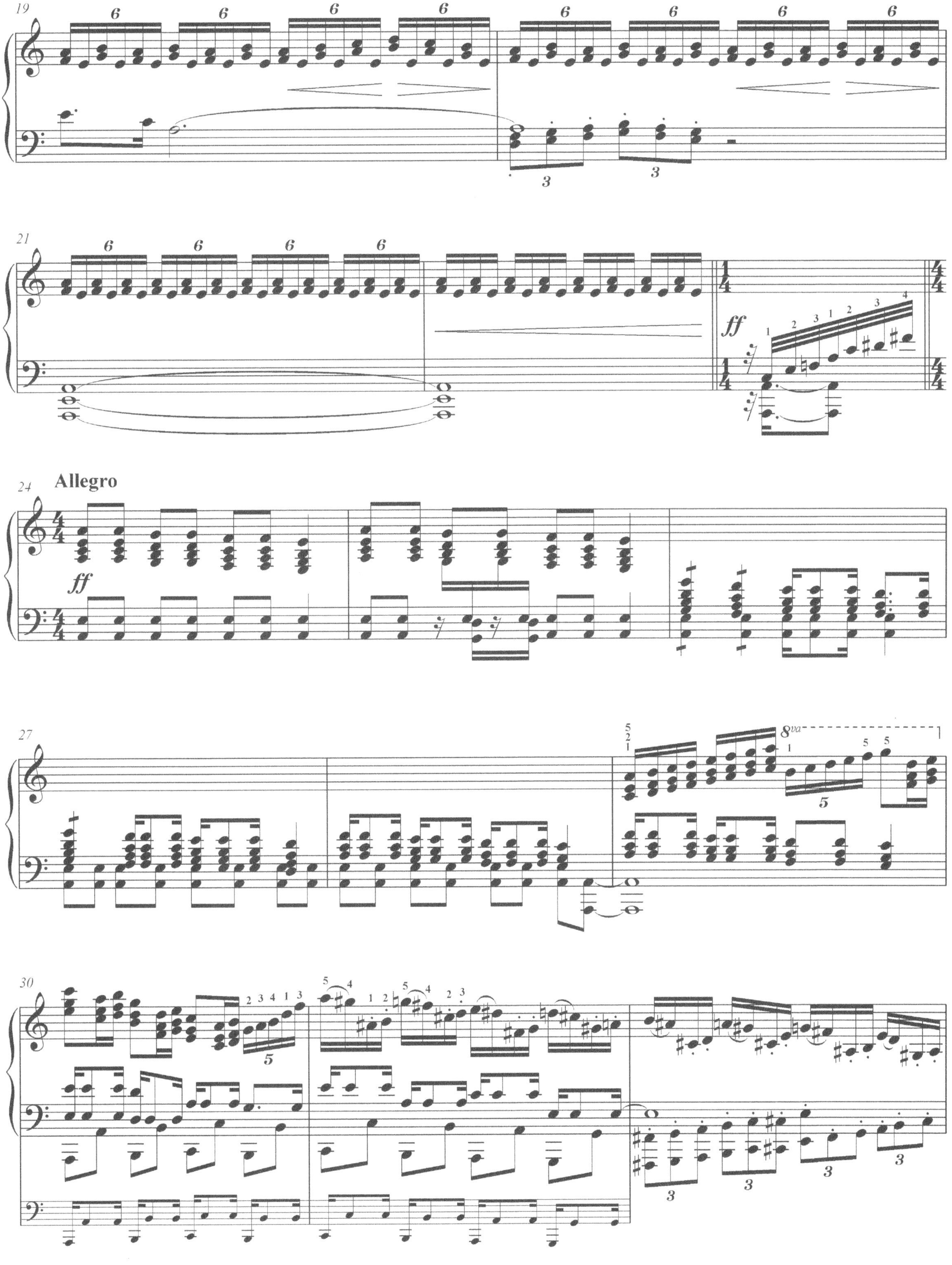
Allegro
ff
ff
8va

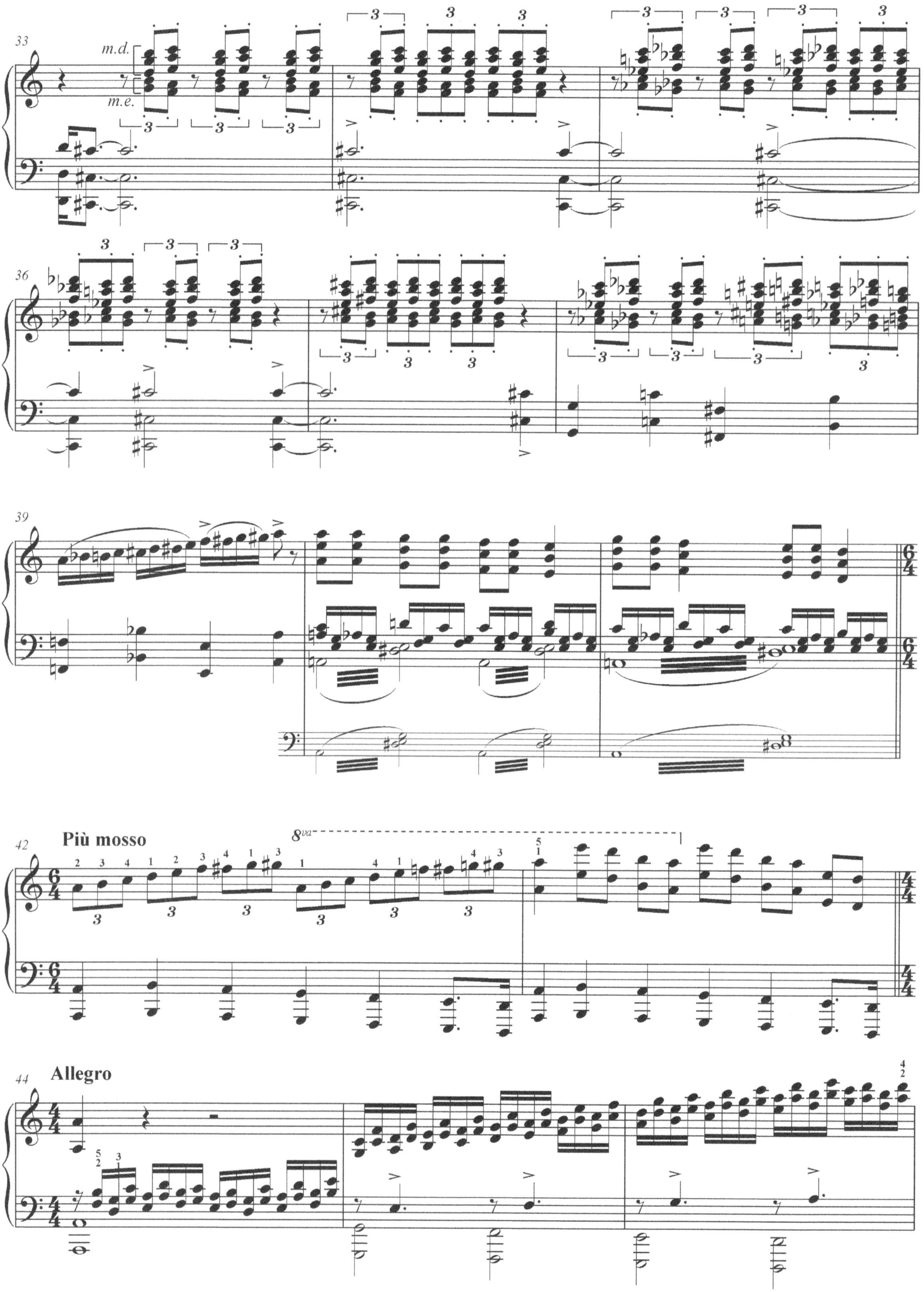
33
m.d.
m.e.
36
39
42
Più mosso
8va
44
Allegro

11

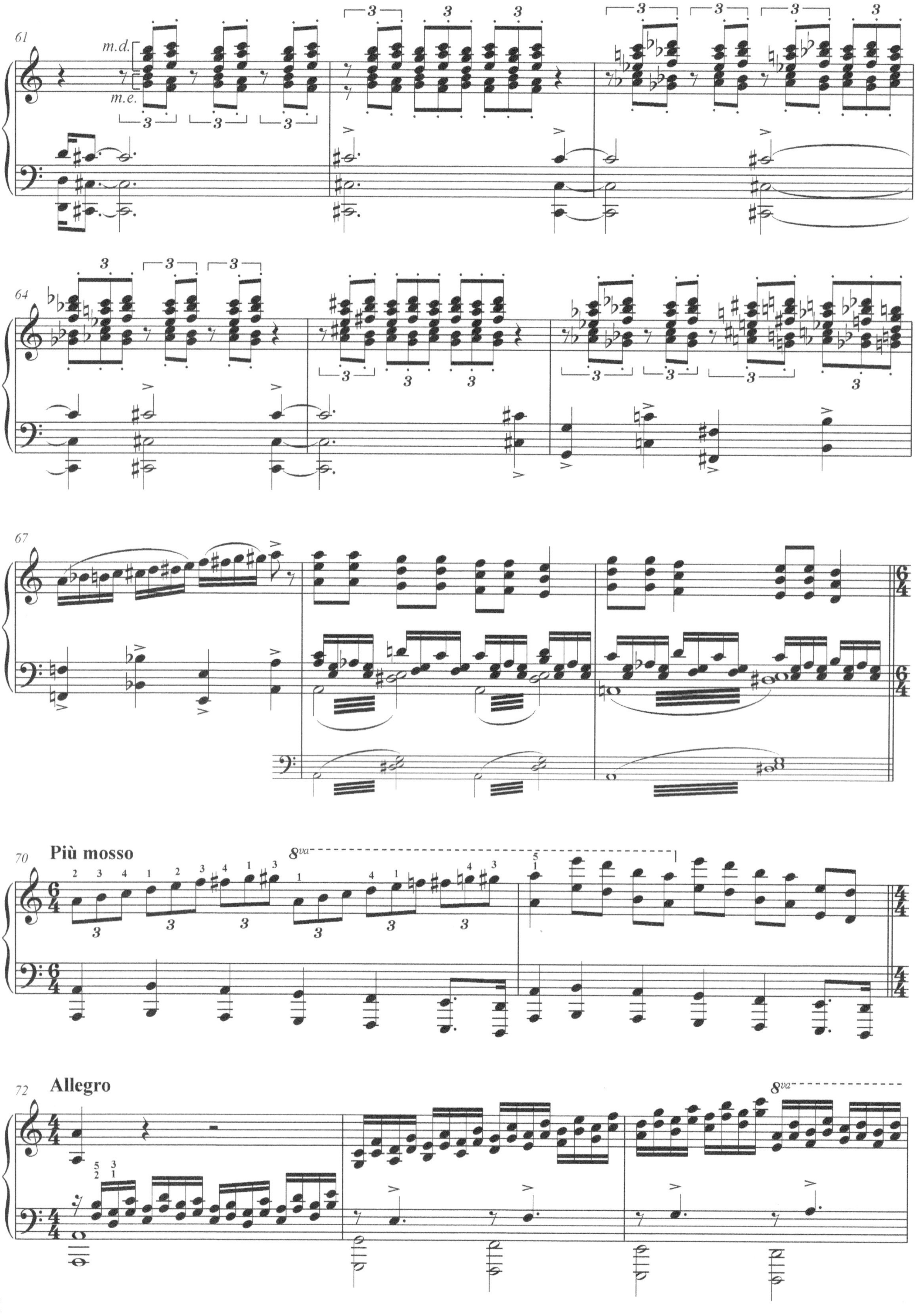
m.d.
m.e.
Più mosso
Allegro
8va

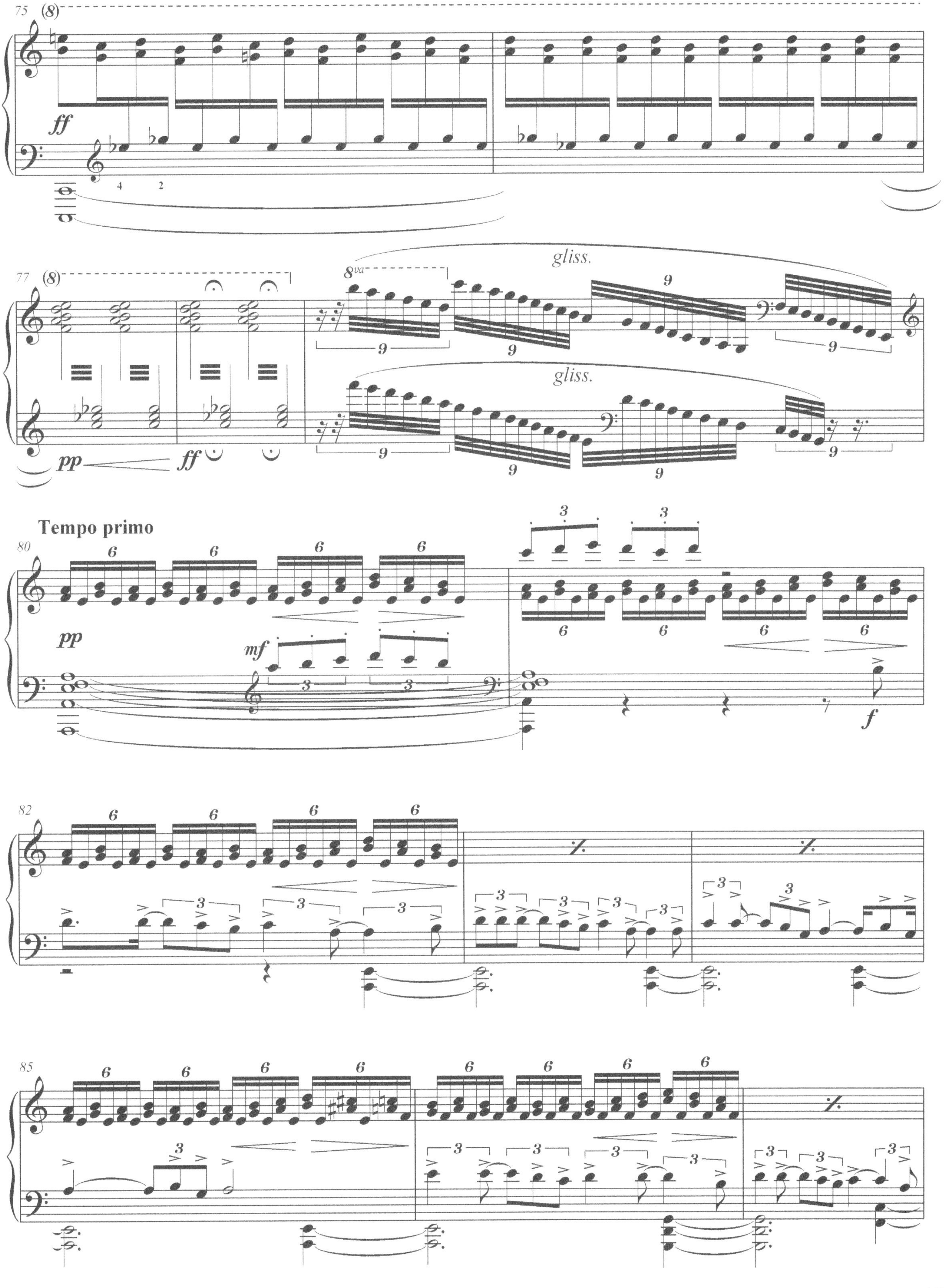
(8)
ff
gliss.
8va
pp
ff
Tempo primo
pp
mf
f

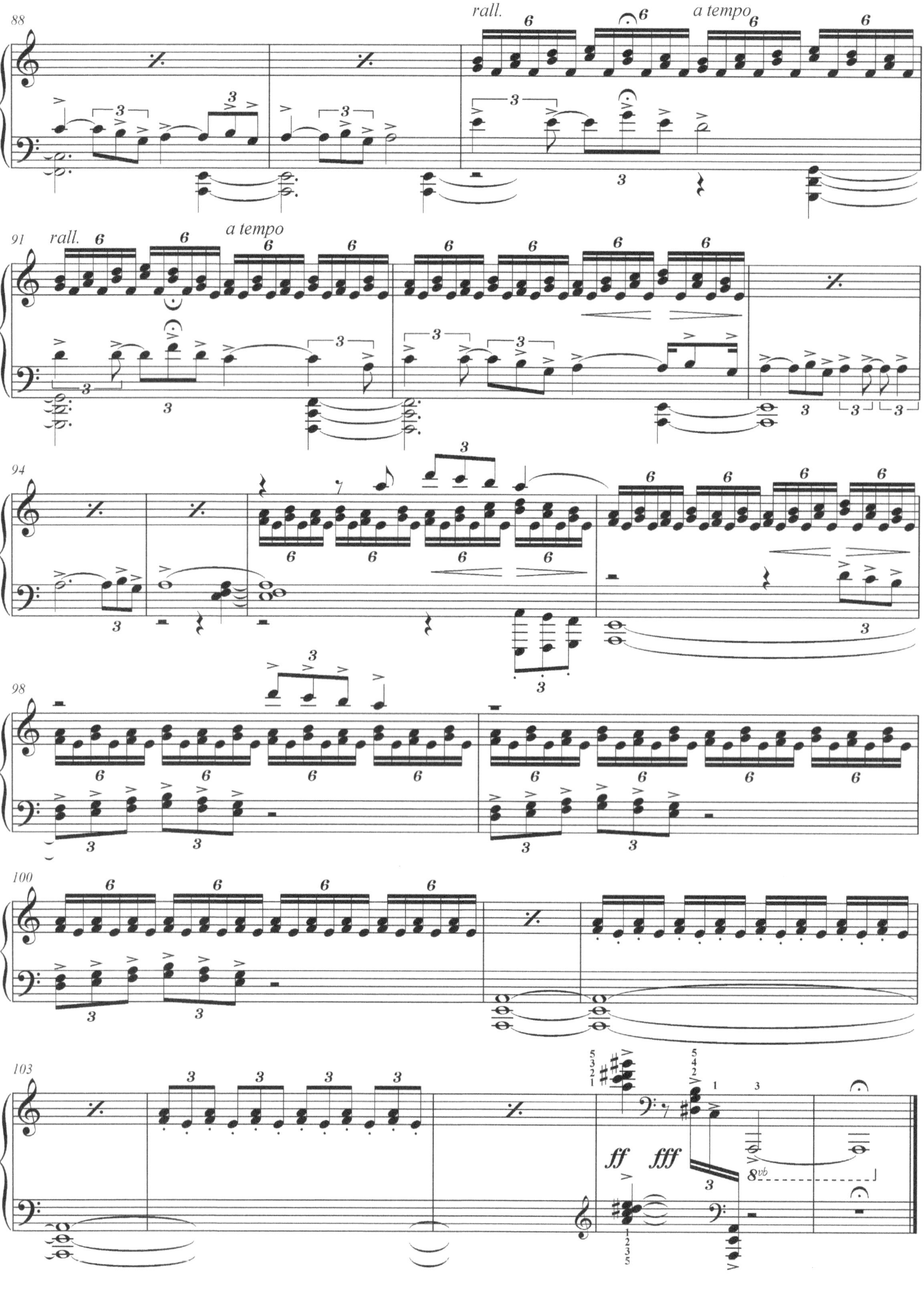
88
rall.
a tempo
91
rall.
a tempo
94
98
100
103
ff
fff
8vb

A Tomás Teran

Bachianas Brasileiras Nº 4

I. Prelúdio (Introdução)

Heitor Villa-Lobos
Rio, 1941

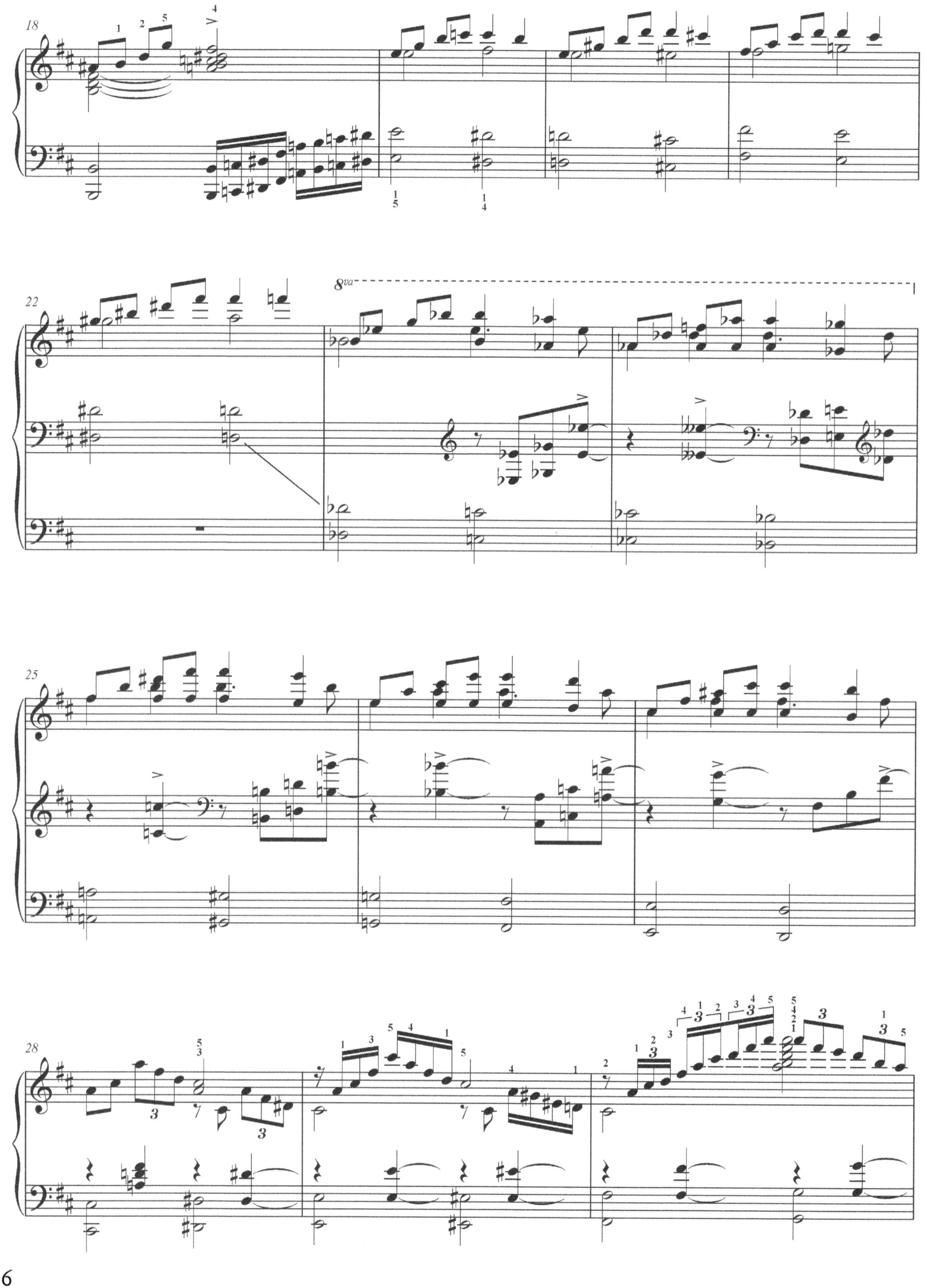

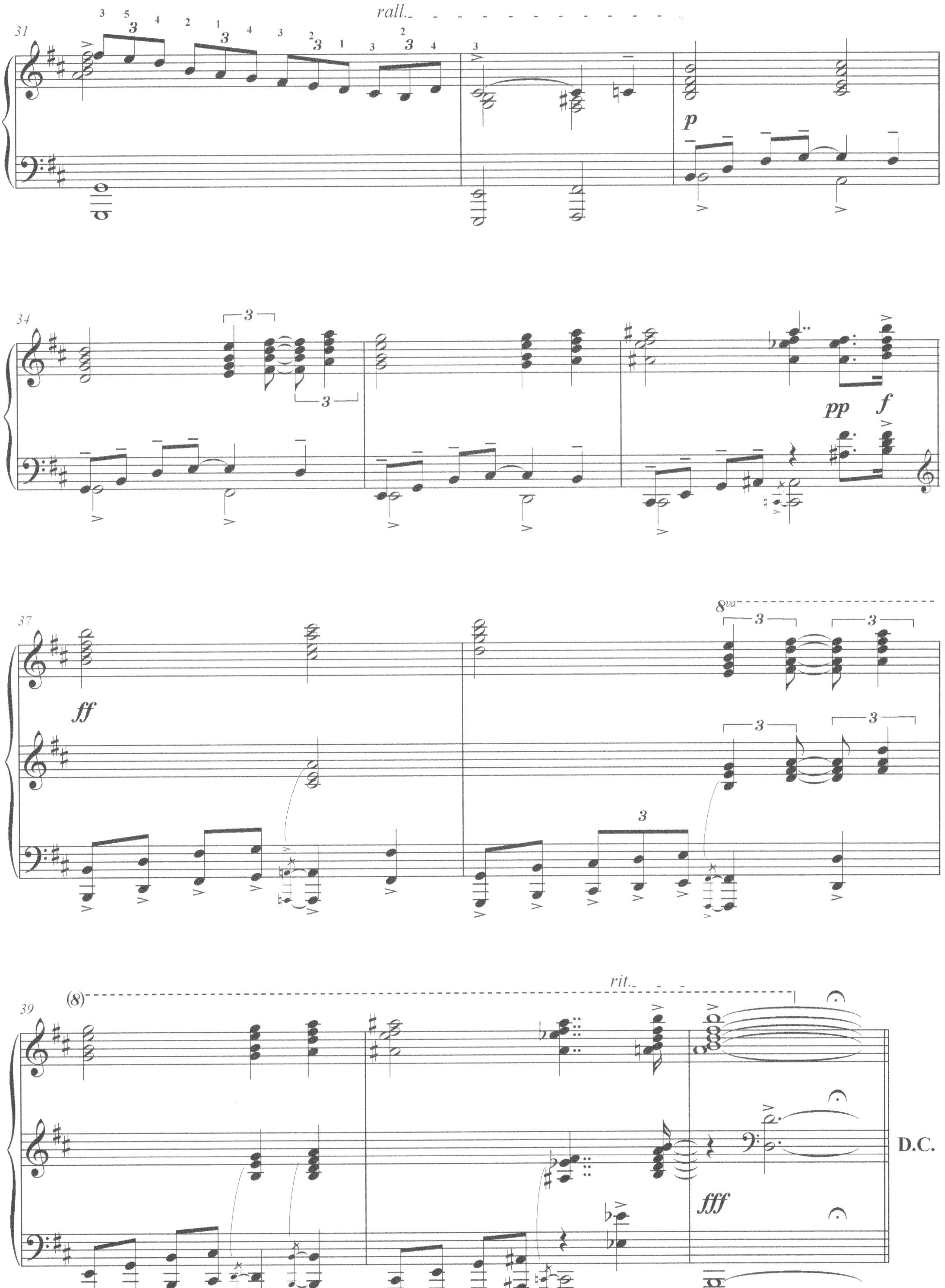
rall.
p
pp
f
ff
8va
(8)
rit.
fff
D.C.

A José Vieira Brandão

Bachianas Brasileiras Nº 4

II. Coral (Canto do Sertão)

Heitor Villa-Lobos
Rio, 1941

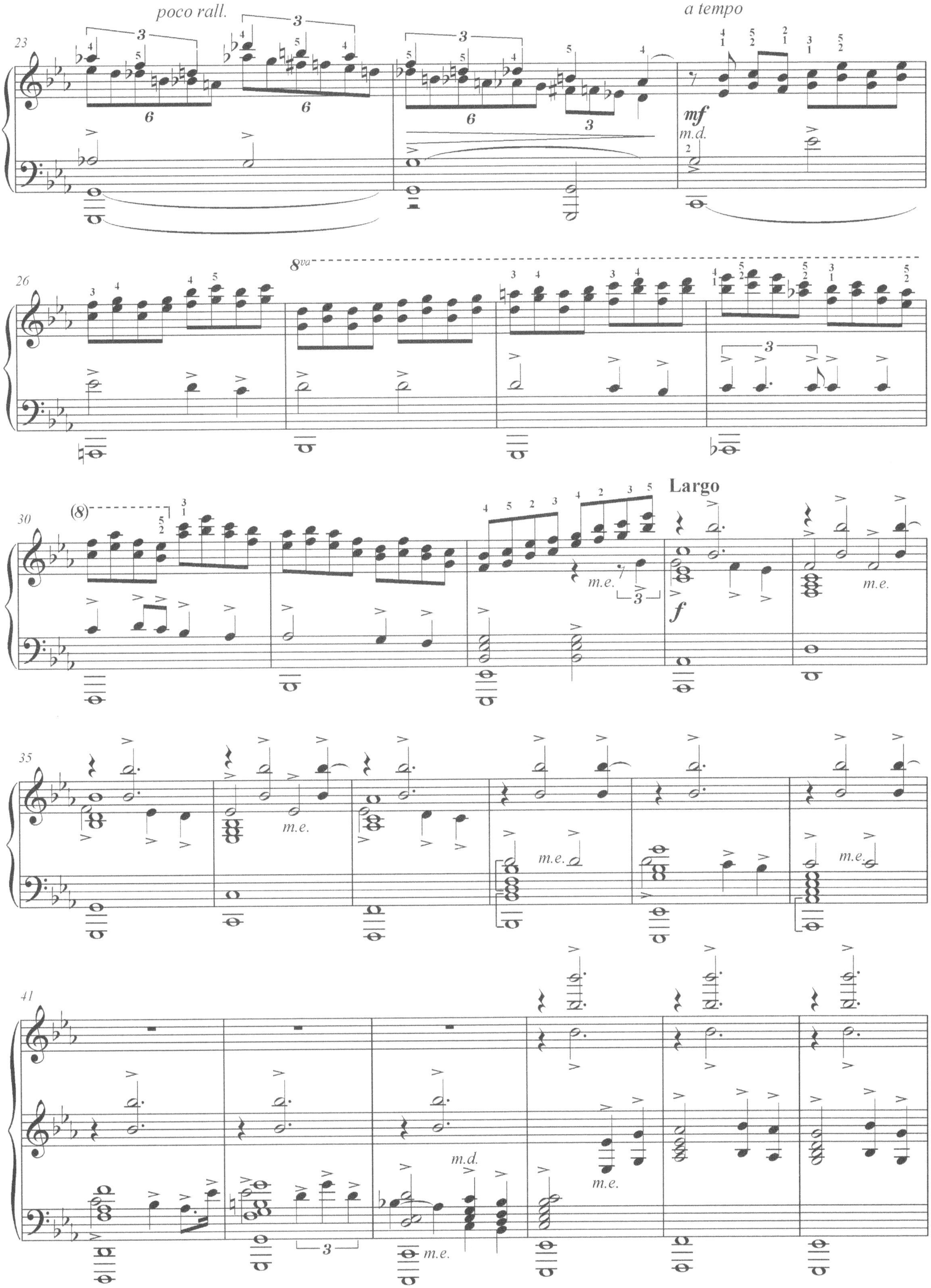
poco rall.
a tempo
mf
m.d.
8va
(8)
Largo
f
m.e.
m.d.

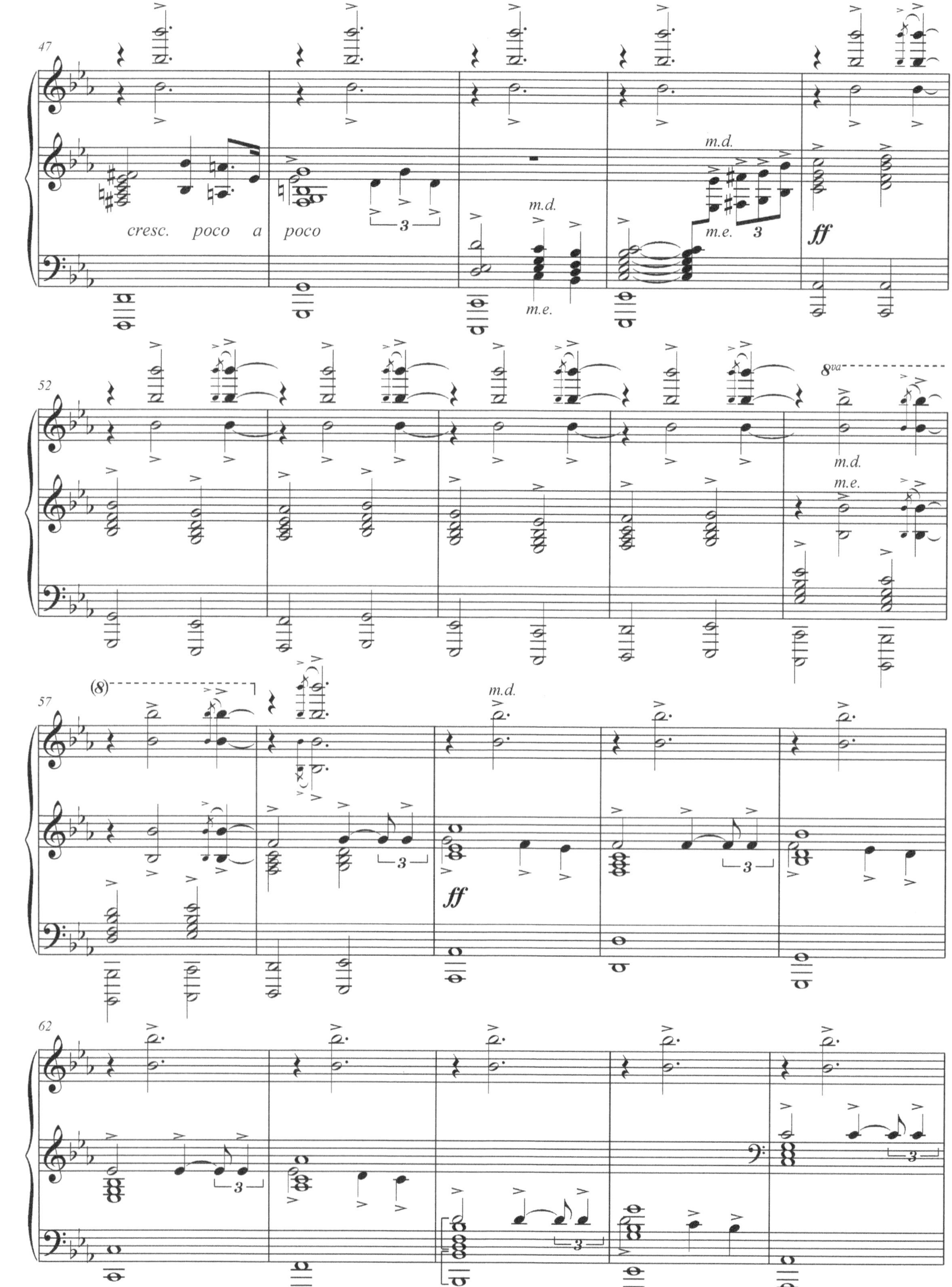
47
cresc. poco a poco
m.d.
m.e.
3
ff
52
8va
57
(8)
62

Grandeoso

* como um órgão

*Afundar as teclas sem deixar bater os martelos nas cordas.

m.e.

fff

poco rall. *a tempo*

mf

ffff

apertando sempre as teclas

sem pedal

f

A José Vieira Brandão

Bachianas Brasileiras Nº 4

III. Ária (Cantiga)

Heitor Villa-Lobos
Rio, 1935

© Copyright 1976 by Irmãos Vitale S/A Ind. e Com. São Paulo – Rio de Janeiro – Brasil.
Todos os direitos reservados SOMENTE PARA O BRASIL – *All rights reserved.*

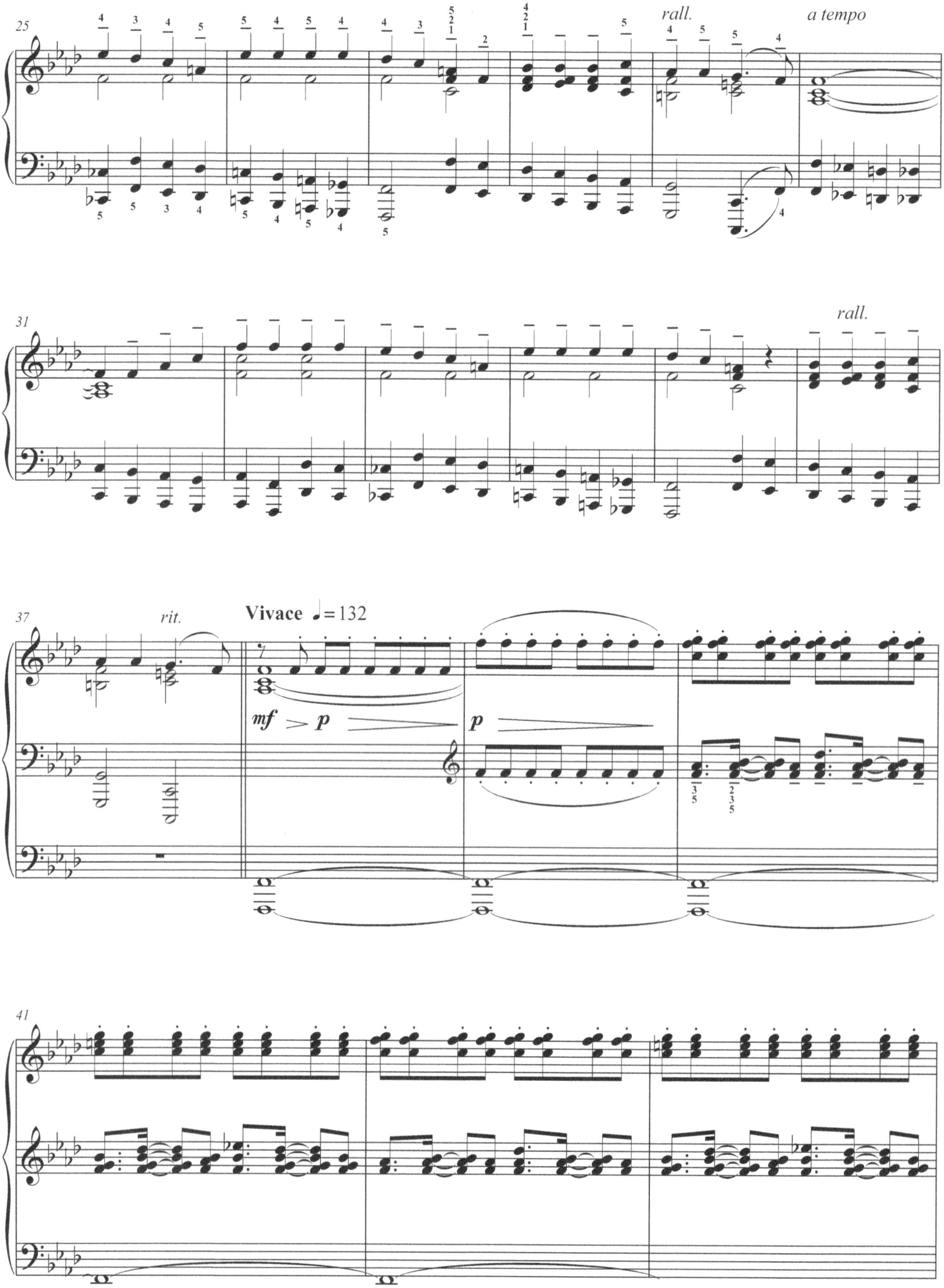
25
rall.
a tempo
31
rall.
37
rit.
Vivace ♩ = 132
mf
p
p
41

25

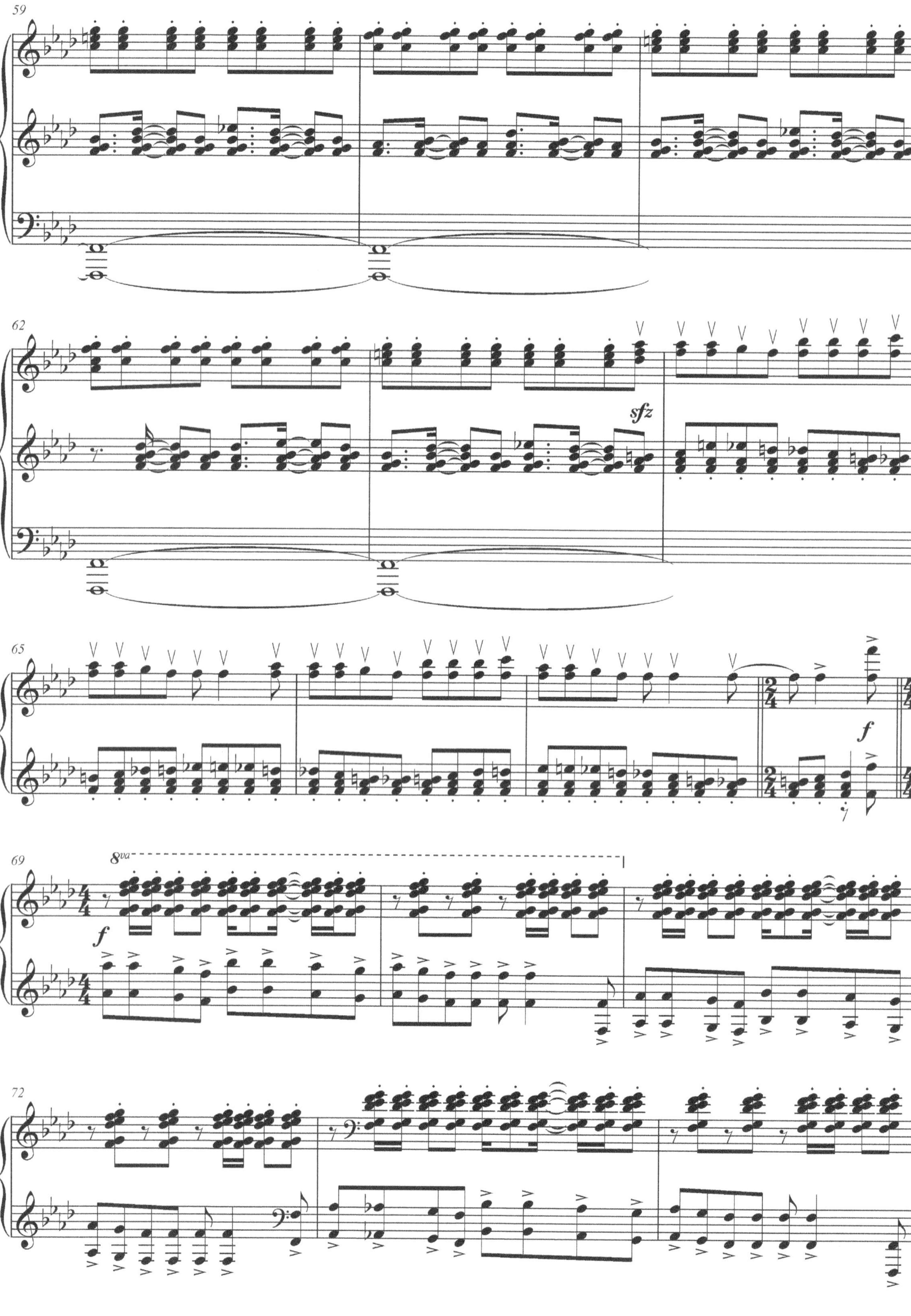
59
62
sfz
65
f
69
8va
f
72

75
string.
allarg.
78
Moderato ♩= 88
81
mf
murmurando
87
rall.
a tempo
93
rall.
a tempo

99
rall.
a tempo
105
111
rall.
a tempo
allarg.
Meno ♩= 84
f
117
8va
rall.
m.e.
m.d.
mf
p
3
3
f
mf
8vb

A Antonietta Rudge

Bachianas Brasileiras Nº 4

IV. Dança (Miudinho)

Heitor Villa-Lobos
S. Paulo, 1930

Muito animado (e bem ritmado sobre a ♪)

(𝆔) o signal > é para ser mais marcado do signal (𝆔).

© Copyright 1976 by Irmãos Vitale S/A Ind. e Com. São Paulo – Rio de Janeiro – Brasil.
Todos os direitos reservados SOMENTE PARA O BRASIL – *All rights reserved.*

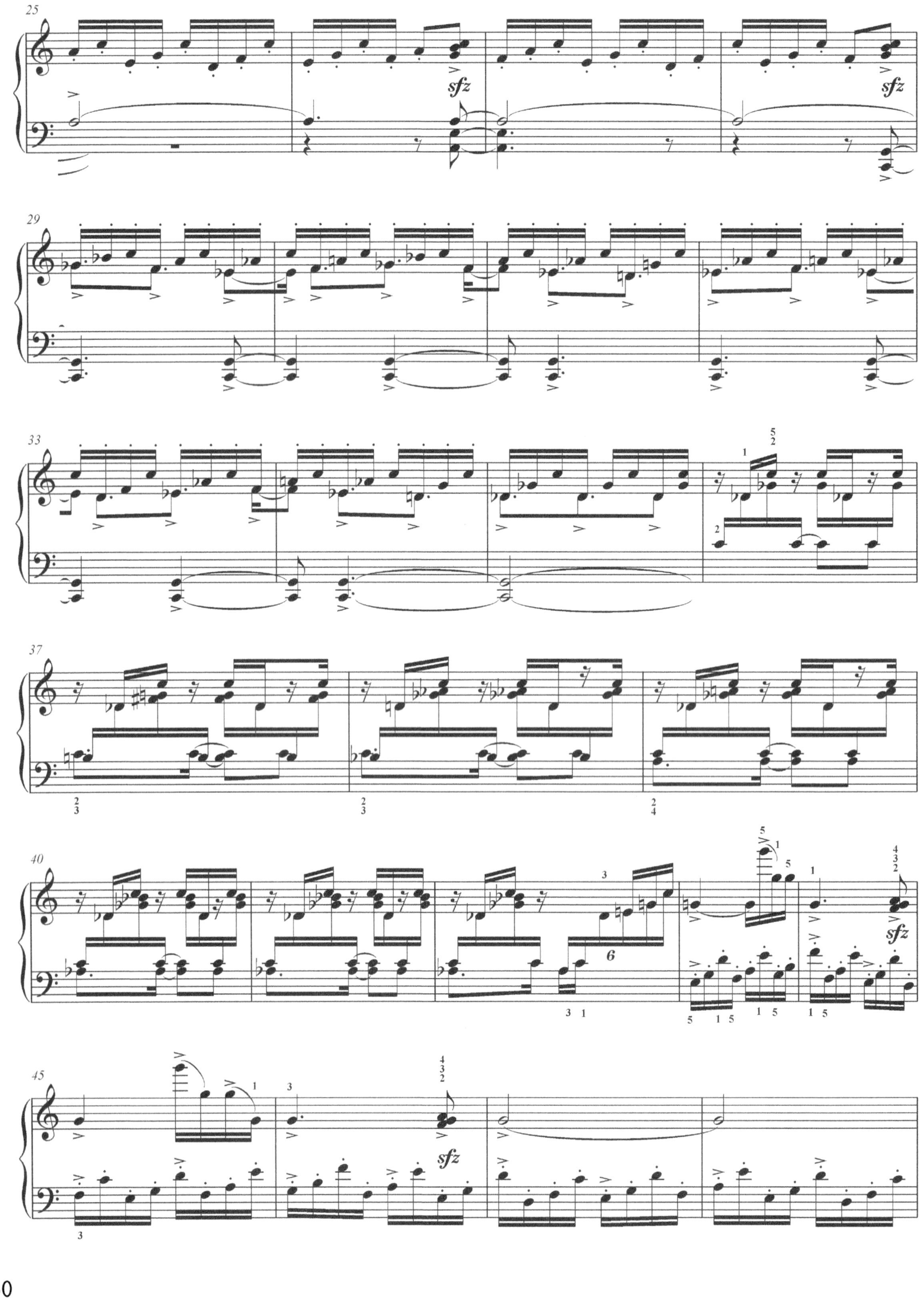

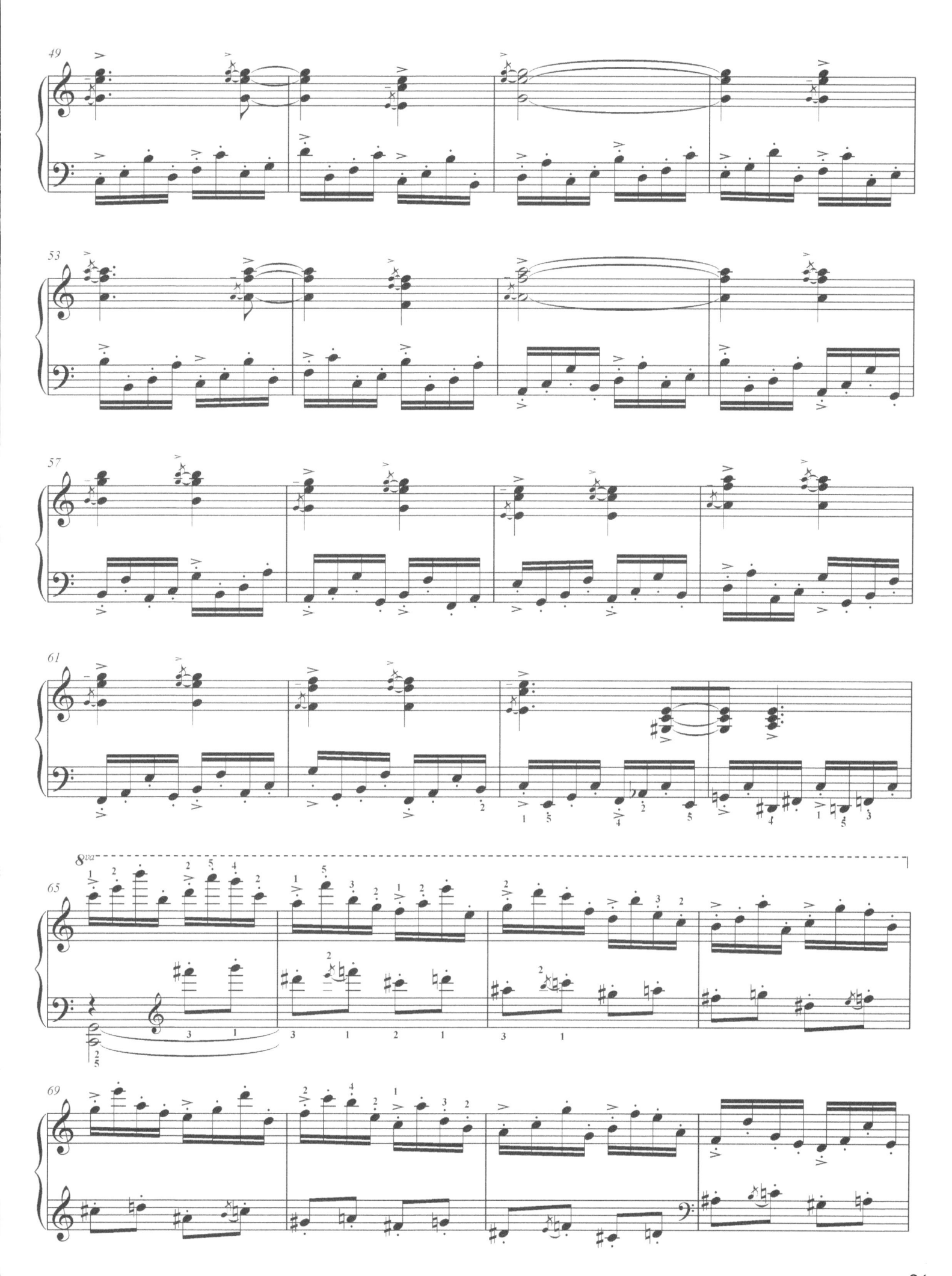
49
53
57
61
8va
65
69

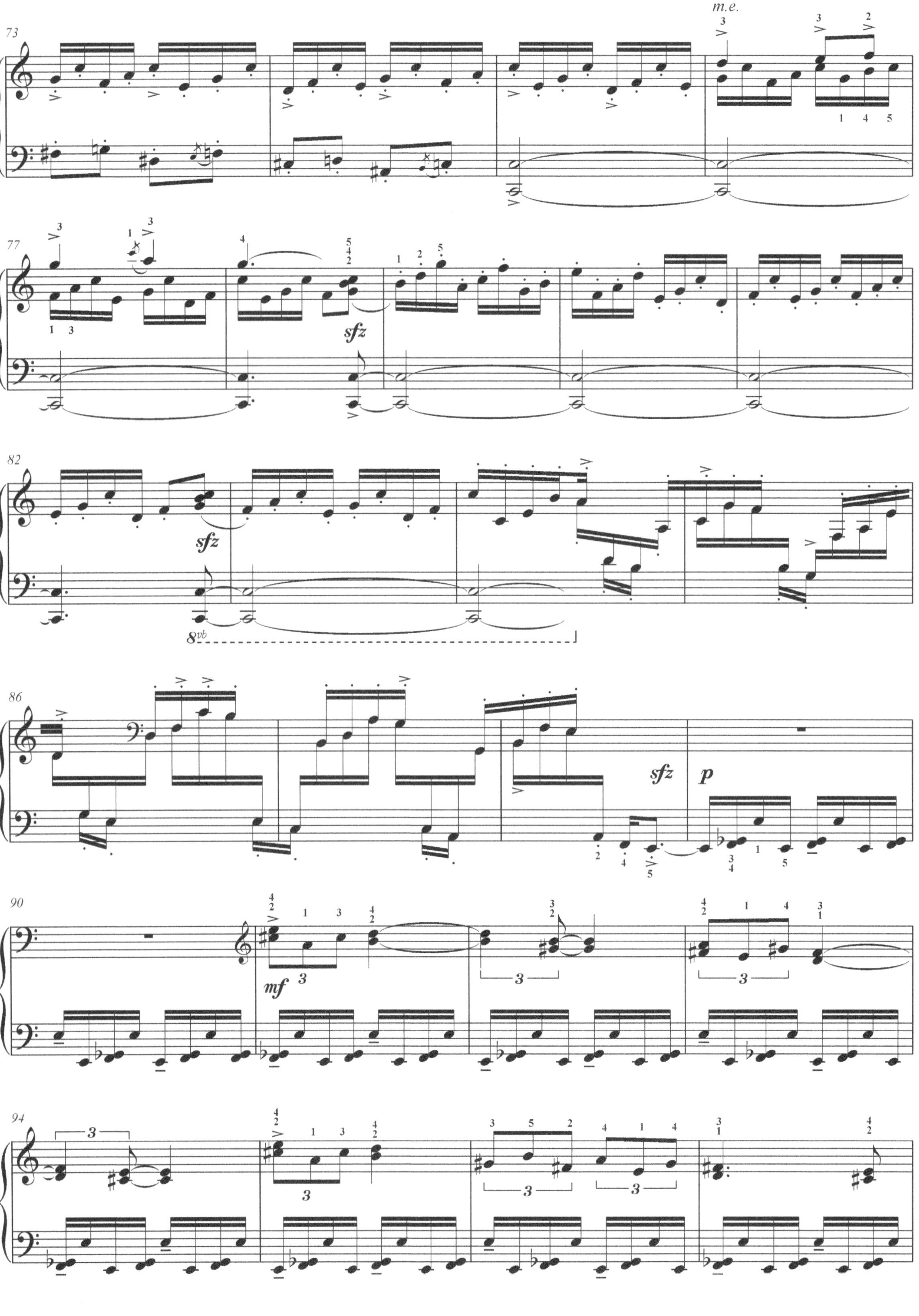
73
m.e.
77
sfz
82
sfz
8vb
86
sfz
p
90
mf
94

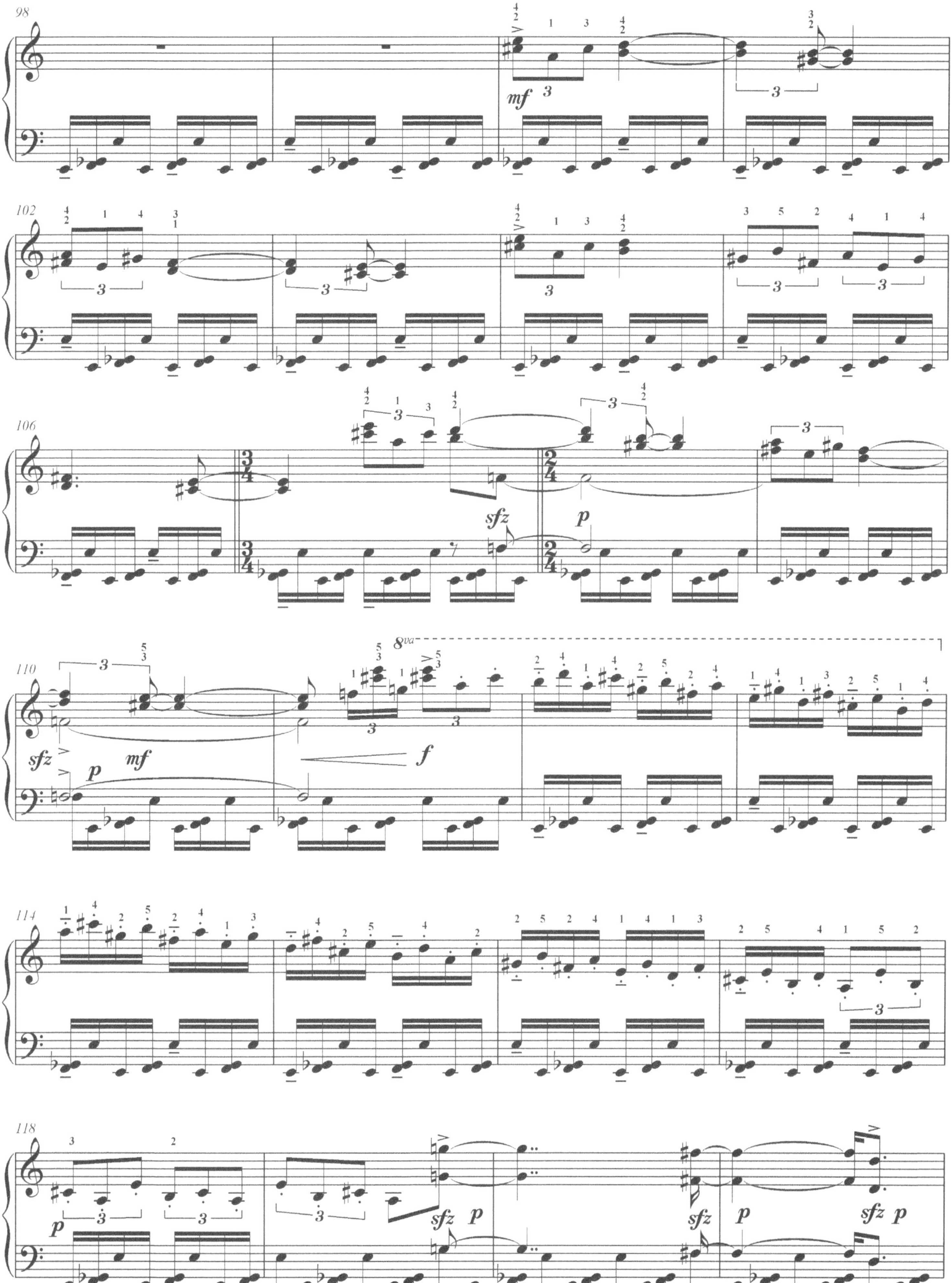
98
mf
102
106
sfz
p
110
sfz
mf
8va
f
114
118
sfz

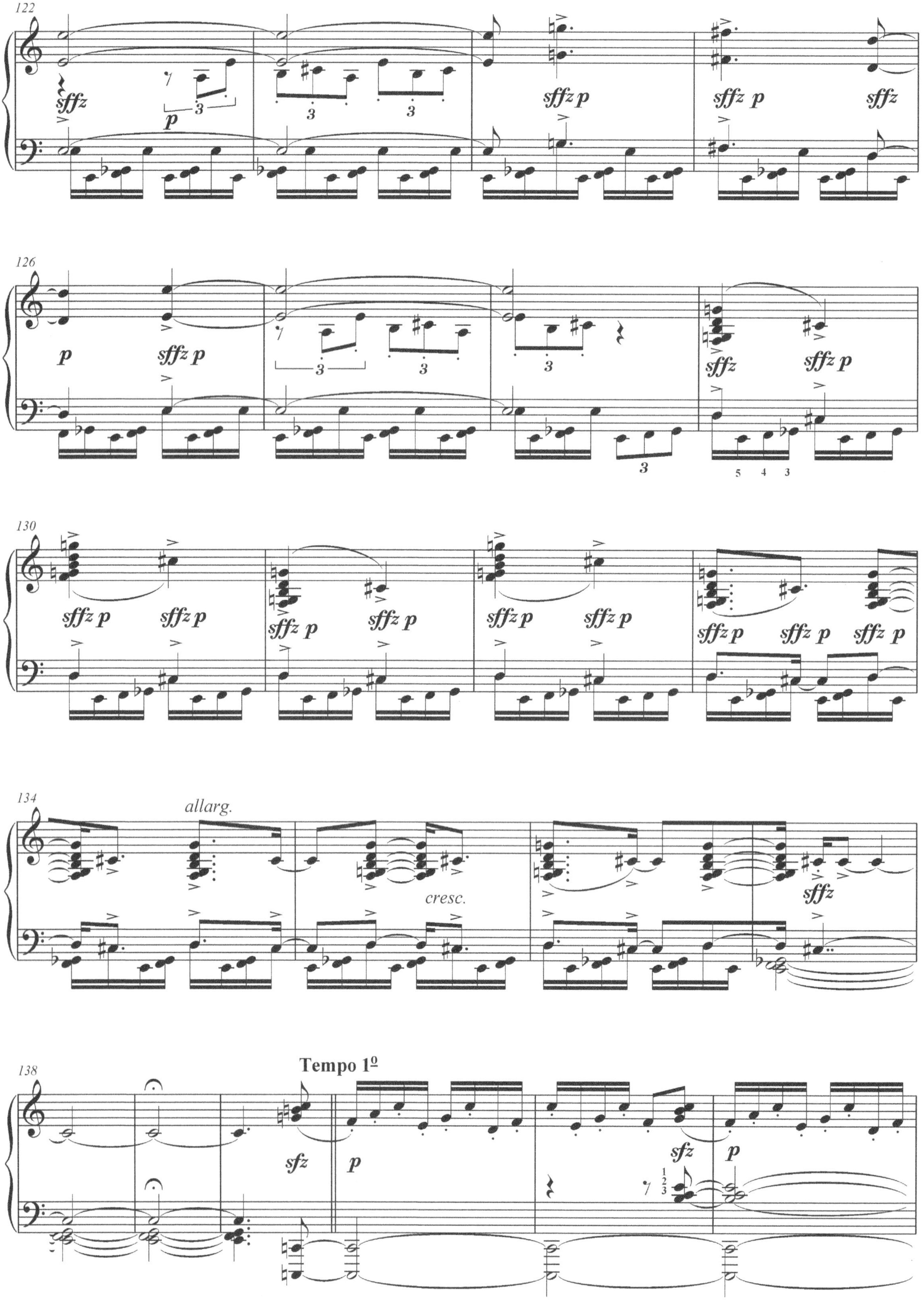
allarg.
cresc.
Tempo 1º

144
sfz
sfz
Ped.
149
p
sfz
p
f
154
3
159
3
2
4
2
4
164
sfz
p
sfz
169
p
sfz
p

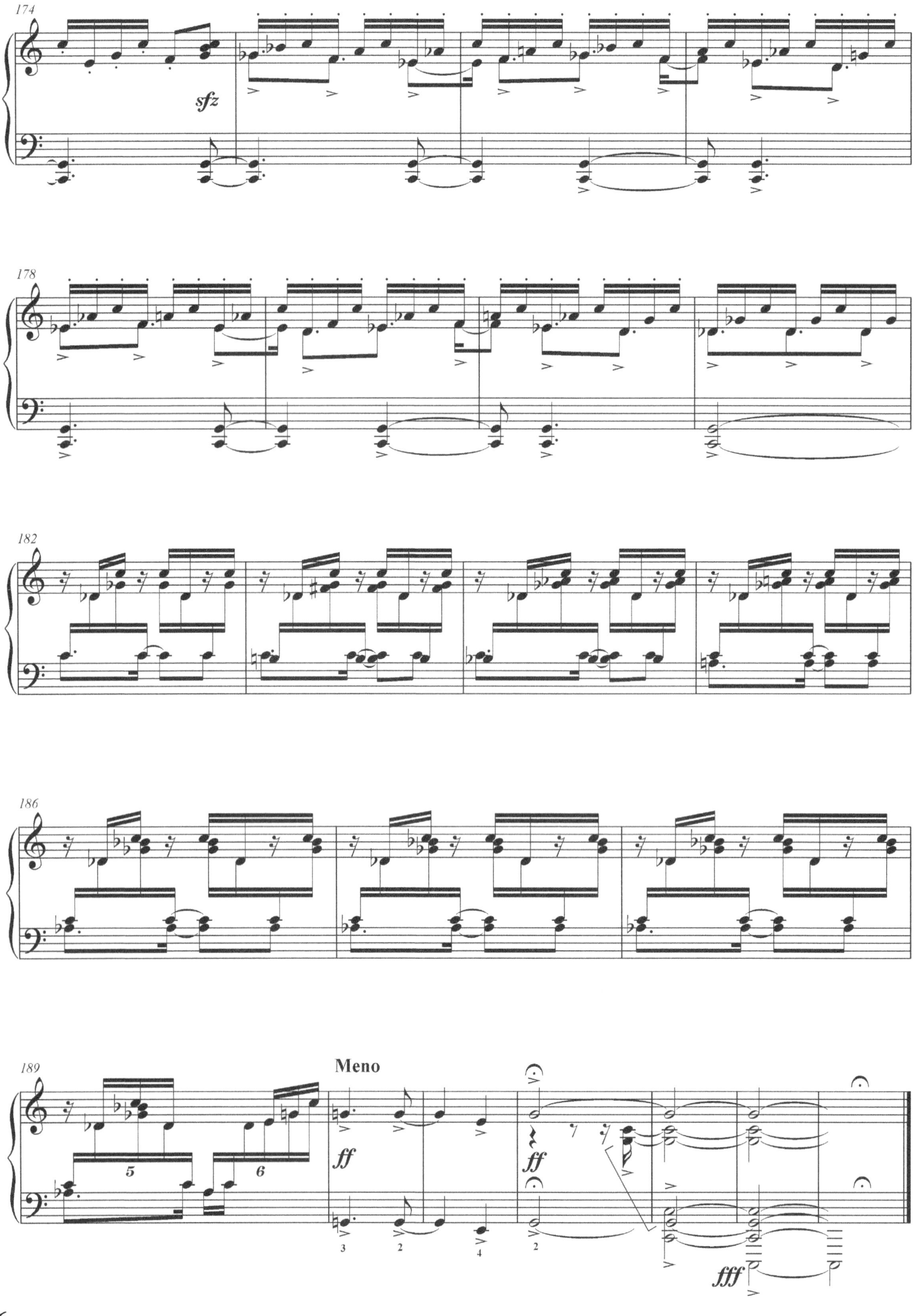
174
sfz
178
182
186
189
Meno
ff
ff
fff

A Mindinha

Bachianas Brasileiras Nº 5

I. Ária (Cantilena)

Redução para canto e piano pelo autor

Poesia de Ruth Valladares Corrêa
(Rio, 1938)

Heitor Villa-Lobos
1938

10
dim.
dim.
13
allarg.
allarg.
a tempo
a tempo
p
f
16
19
allarg.
allarg.
a tempo
a tempo
p

22
allarg.
a tempo
allarg.
a tempo
p
cantabile
pp
25
28
31
rall.
rall.

Tar- de u- ma nu- vem ró- sea len- ta e trans-pa- ren- te, so- bre o es- pa- ço so- nhan- do- ra e be- la! Sur- ge no in- fi- ni- to a lu- a do- ce- men- te, En- fei- tan- do a tar- de, qual mei- ga don- ze- la que se a- pres- ta e a lin- da so- nha- do- ra- men- te, Em an- sei- os d'al- ma pa- ra fi- car be- la, Gri- ta ao céu e a ter- ra, to- da a

Natureza! Cala a passarada aos seus tristes queixumes, E reflete o mar toda a sua riqueza... Suave a luz da lua desperta agora, A cruel saudade que ri e chora! Tarde uma nuvem rósea lenta e transparente, Sobre o espaço sonhadora e bela!

bocca chiusa

Tempo primo
51
pp
54
57
60
allarg.
3
3
a tempo
allarg.
pp
allarg.
3
3
a tempo
allarg.
ppp

Bachianas Brasileiras Nº 5

II. Dança (Martelo)

Redução para canto e piano pelo autor

Poesia de Manoel Bandeira
(Rio, 1945)

Heitor Villa-Lobos

bem?___ Ca - dê Ma - ri - - - - - - - - - - -a?___ ai tris - te sor - te a do vio - lei - ro can - ta - dô! Ah!___ Sem a vi - o - la em que can - ta - va o seu a - mô, Ah!___ Seu as - so - bi - o é tu - a flau - ta de i - re - rê___ Que tu - a flau - ta do Ser - tão quan - do as - so - bi - -

a,
Ah!
mf
p
simile
Lento
Tempo primo
p
rall.
mf
A gen-te so-fre sem que - rê
Ah!
rall.
mf
f
p
Teu can - to che - ga lá do fun - do do ser -
tão, ah! co - mo ũa bri - sa a - mo - le - cen - do o co - ra - ção, ah!
mf

ah!

poco allarg.

Piu mosso

I - - re - rê ____ Sol - -

- ta teu can - - to! Can - ta mais!

Canta mais! Pra a-lem-brá o Cariri!

Poco meno mosso

Canta, cambaxirra!___ Canta, juriti!___ Canta, Irerê___ Canta, canta, sofre- Pa- - ti-va! Bem-te-vi! Ma-ri-a a-cor-da que é di- a! Can-tem to-dos vo-cês___ Pas-sa-ri-nhos do ser-

89 *rall.* **Poco più mosso**

tão_____ Bem - te - vi!_____

93

Êh! Sa - bi - á!_____

96

99

49

Meno

Lá! li-á! li-á! li-á! li-á! li-á! Eh! Sa-bi-á da ma-ta can-ta-dô!_____ Li-á! li-á! li-á! li-á!_____ Lá! li-á! li-á! li-á! li-

Lyrics (m. 114–118): á! li - á! Eh! Sa - bi - á da ma - ta so - fre - dô!_____ Ô!_____

O vos-so can-to vem do fun-do do ser-tão Co-mo u-ma bri-sa a-mo-le-cen-do o co-ra-ção

Tempo primo

Irerê, meu passarinho do Sertão do Cariri, Irerê, meu companheiro Cadê viola? Cadê meu bem? Cadê Mari - a? Ai triste sorte a do violeiro cantadô! Ah! Sem a vio-la em que can-ta-va o seu a-mô, Ah! Seu as-so-bio é tu-a flau-ta de I-re-rê: Que tu-a flau-ta do Ser-tão quan-do as-so-bi-a, Ah!

Lento
A gen-te so-fre sem que-rê Ah!

Teu can-to che-ga lá do fun-do do Sertão, ah! Co-mo ũ-a bri-sa a-mo-le-cen-do o co-ra-ção, ah!

Ah!

poco allargando

Più mosso

I - - - re - rê,

Sol - - - - ta teu can - - to Can - ta
mais! Can - ta mais! Pra a-lem-brá o Ca-ri - ri!
cresc. e animando
cresc.
allarg.
Ai!